Quietschfidel
& sauvergnügt

Unser verrückter Bauernhof

WHITE STAR VERLAG

Redaktionelle Leitung: Valeria Manferto De Fabianis – Layout: Clara Zanotti

Vorwort und Redaktion: Giorgio Ferrero

Quietschfidel
& sauvergnügt
Unser verrückter Bauernhof

„Alle Tiere sind gleich,
aber manche sind gleicher.“

(George Orwell)

Vorwort von
GIORGIO FERRERO

Von Äsop und Phaedrus über die mittelalterlichen Fabeln bis hin zu La Fontaine und Orwell: Die Tiere vom Bauernhof leben weiter, in den Büchern ebenso wie in den Ställen. Rinder und Schafe, Ziegen und Schweine, Gänse und Kaninchen bilden einen ganz einzigartigen Mikrokosmos, der komplex, bunt und manchmal chaotisch zum Spiegel für die menschliche Gesellschaft werden kann. Denn so wie die Beziehungen und Verbindungen der Menschen, sind auch die der Tiere ganz und gar unterschiedlich und gegensätzlich.

„Tiere Englands, Tiere Irlands,
Tiere, ihr, von fern und weit,
Hört und kündet frohe Botschaft
Von der gold'nen Zukunftszeit."

(George Orwell)

Immer seltener kommt es heutzutage vor, dass wir einen echten, bewirtschafteten Bauernhof zu sehen bekommen. Aber dennoch sind uns die Tiere dort vertraut – und in der Regel sympathisch. Ganz selbstverständlich schreiben wir dem Pferd die Eleganz, dem Schwein die Schwerfälligkeit, dem Igel das Misstrauen, der Maus die Neugierde, dem Hahn die Streitsucht, der Kuh die Gelassenheit zu. Es sind nur Tiere, das stimmt, und doch erinnern sie uns so sehr an uns selbst. Einige leben in Ställen, andere verbringen ihre Tage auf der Weide mit sinnierendem Wiederkäuen; wieder andere sind räuberische Jäger oder leichtfüßige Diebe wie der Fuchs. Manche fliegen nur bei Nacht, andere lassen zum Morgengrauen ihren Ruf ertönen. Hennen versorgen ihre Brut, Pfauen schlagen stolze Räder, um eine Partnerin zu beeindrucken, ein Gänschen macht seine ersten Schwimmversuche, ein Schaf beobachtet neugierig einen Grashüpfer beim Absprung: alltägliche Szenen auf einem Bauernhof – und Szenen des Lebens schlechthin.

„Alle Tiere sind gleich, aber manche sind gleicher." So lautete das Motto des tyrannischen Ebers in *Farm der Tiere*. Natürlich sind alle Tiere auf ihre Weise verschieden, und jedes hat seine eigene Geschichte zu erzählen. Hier erfahren Sie diese Geschichten, und zwar mit einem Blick durchs Objektiv namhafter Fotokünstler! In den aufwendig gestalteten, großformatigen Bildern entfaltet sich vor Ihren Augen die Welt der Hoftiere: Verhalten, Positur, Mimik und Bewegung bringen sie Ihnen „hautnah" ins heimische Wohnzimmer – quietschfidel & sauvergnügt.

„Nur eine blinde Gans kommt zur Predigt des Fuchses.“ (John Lyly)

„So lang die Gans ihren Hals auch streckt, sie wird niemals ein Schwan.“ (Italienisches Sprichwort)

SCHWIMMUNTERRICHT

LABILES GLEICHGEWICHT

DER GEBORENE ANFÜHRER

DIE BRÜDER WRIGHT

ACHTUNG … STILLGESTANDEN!

NICKERCHEN

„Die Entfernung ist unwichtig;
schwierig ist immer nur der erste Schritt.“

(Marie du Deffand)

GEGENSTIMME

KEHRSEITE

SYNCHRONGYMNASTIK

PASSFOTO

MEINUNGSVERSCHIEDENHEIT

EIN KLEID FÜR JEDE JAHRESZEIT

GÄNSEMARSCH

„Es ist nicht die Größe, nach der du siegst oder fällst.
Sei das Beste – was immer du bist.“
(Douglas Malloch)

KOPFSTUDIE

Giuseppe Arcimboldo

SELBSTPORTRÄT

„Auch mit einem langen Hals kann man nicht sehen, was hinter dem Hügel liegt.“ (Anonym)

HIMMLISCHE EINGEBUNG

„Ein hungriger Bauch hat keine Ohren."
(Jean de La Fontaine)

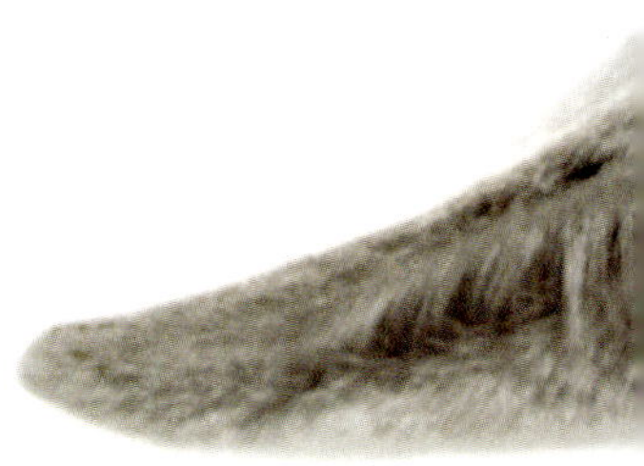

„Wer klug ist, macht den Bock nicht zum Gärtner."
(Englisches Sprichwort)

„Lieber einen Tag lang ein Löwe als ein ganzes Leben lang ein Schaf.“
(Elizabeth Kenny)

„Um ein tadelloses Mitglied der Schafherde zu werden,
muss man vor allem ein Schaf sein."

(Albert Einstein)

„Die Natur macht keine Sprünge."

(Carl von Linné)

„Menschen neigen wie Schafe dazu, einem Anführer zu folgen – hin und wieder in die richtige Richtung."

(Alexander Chase)

COWBOY GESUCHT

DER RATTENFÄNGER VON HAMELN

„Ich bin noch nie einer Kuh begegnet, die ich nicht mochte."

(Jennie Garth)

„Die neue Kunst entnimmt ihre Elemente der Natur. Dasein, Natur und Materie bilden eine vollkommene Einheit."

(Lucio Fontana)

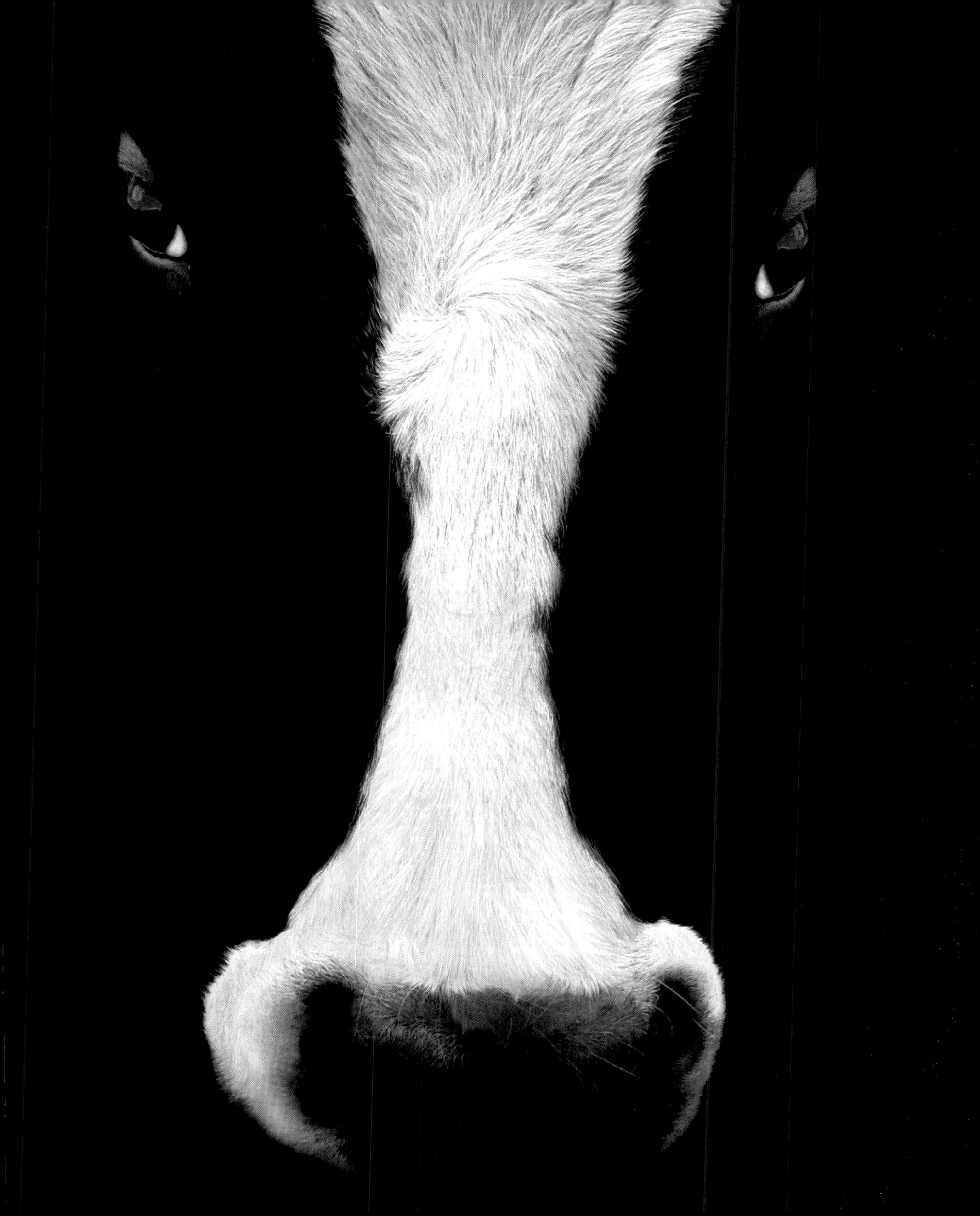

DIE FINSTERNIS DES LABYRINTHS

„Pack den Stier nicht bei den Hörnern, pack ihn am Schwanz; dann kannst du ihn wieder loslassen.“

(Josh Billings)

STALLGENOSSEN

„KUHPARADE“

TROTZPHASE

„Wenn du deine Träume erfüllt sehen willst, darfst du nicht schlafen.“
(Jiddisches Sprichwort)

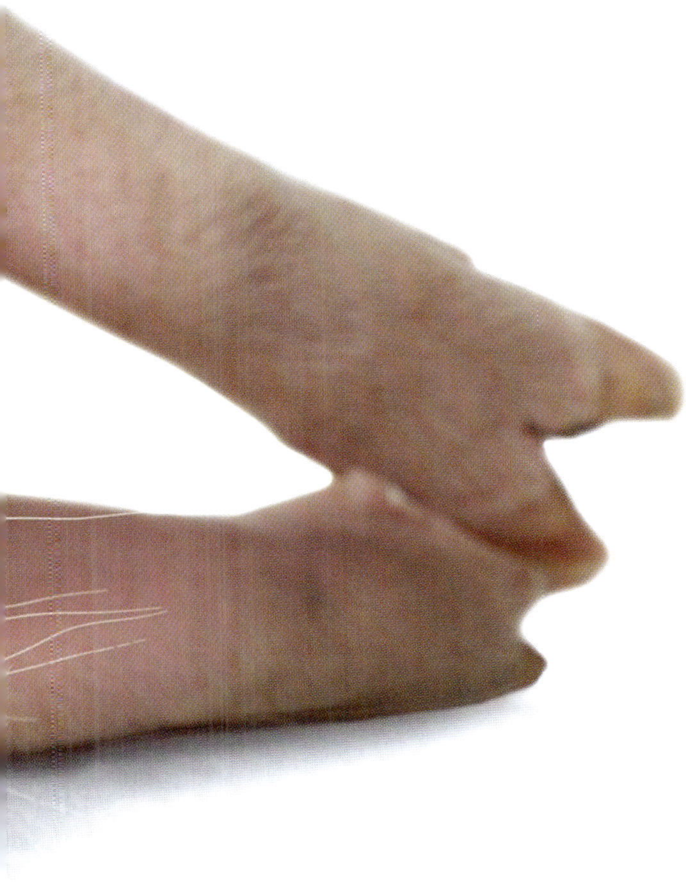

„Wir haben eine Nase. Die Nase spürt auf und wählt aus.
Ein Künstler ist auch nur eine Art Schwein, das nach Trüffeln gräbt."
(Igor Strawinski)

„Wenn es aussieht wie ein Schwein,
klingt wie ein Schwein,
sich benimmt wie ein Schwein,
dann lass dich nicht täuschen:
Es ist ein Schwein."

(Anonym)

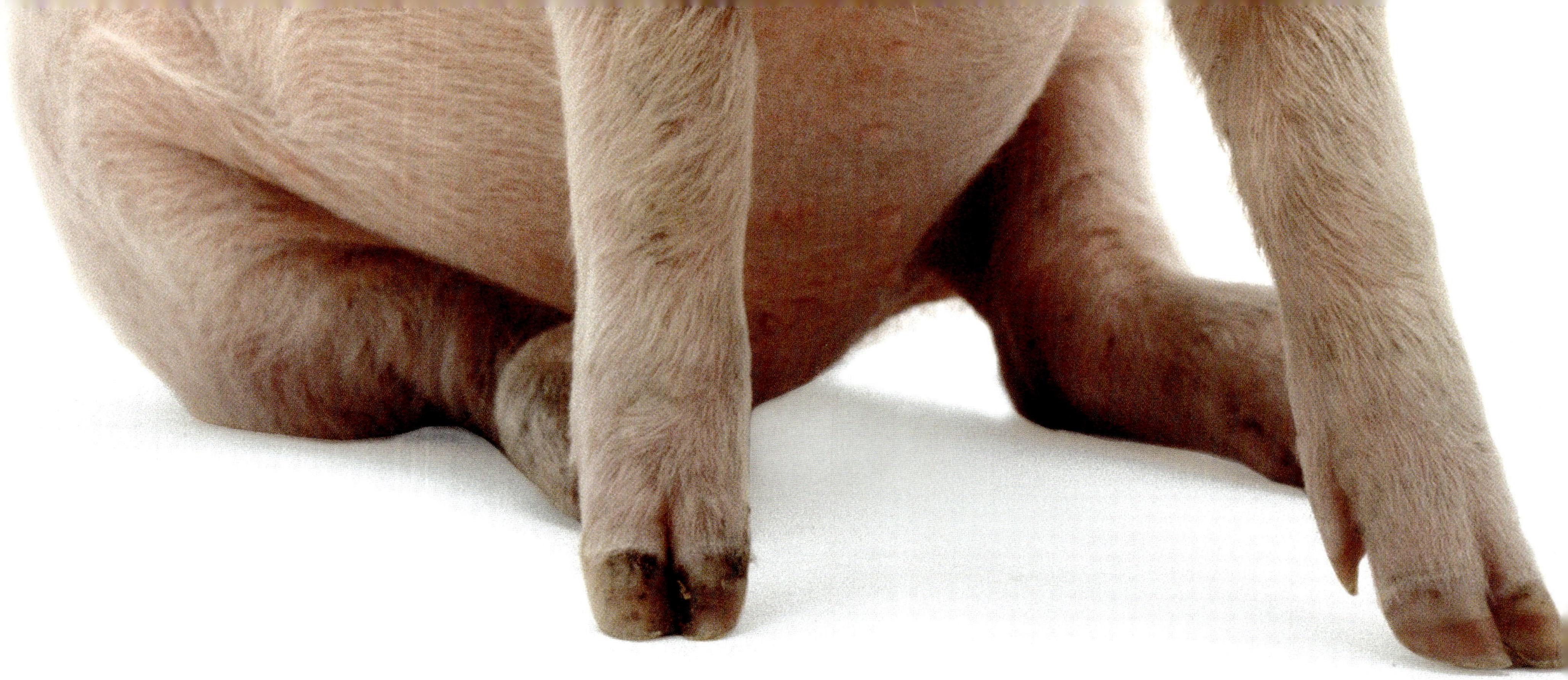

„Schweine sind sehr schöne Tiere …
Es gibt keinen Blickwinkel, von dem aus ein dickes Schwein
nicht reich an prächtigen, befriedigenden Kurven wäre.“

(G. K. Chesterton)

SCHWEINEBÄNDIGER

„Versuche niemals, einem Schwein das Singen beizubringen; damit vergeudest du deine Zeit und verärgerst das Schwein."

(Robert Heinlein)

SCHERZE UNTER
FREUNDEN

„Wenn ich frei bin, dann nur, weil ich ständig davonlaufe." (Jimi Hendrix)

„Es gibt in dieser Welt immer reichlich Gefahren
für diejenigen, die sich fürchten.“

(George Bernard Shaw)

UNVEREINBARE DIFFERENZEN

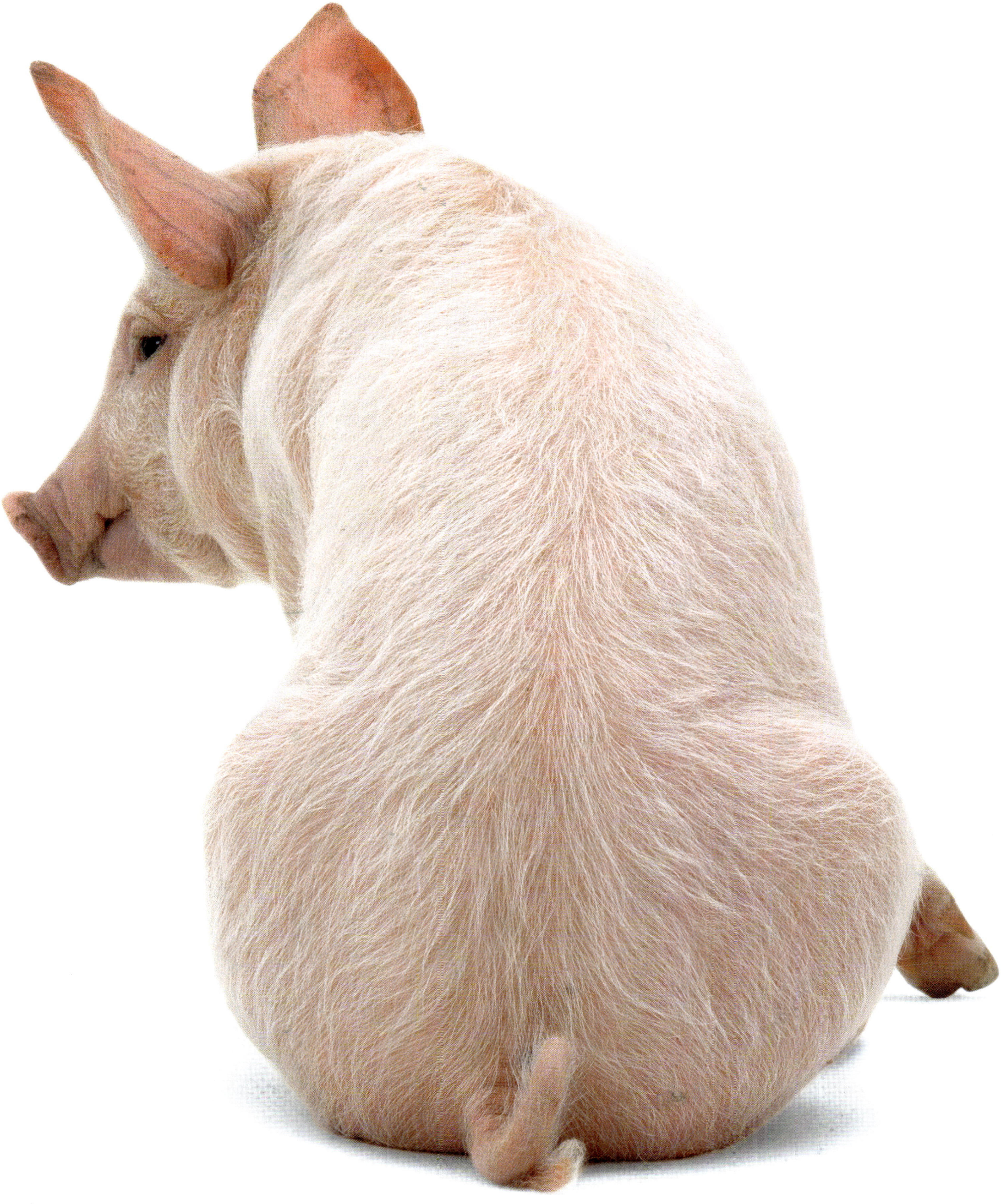

RÜCKLICHTER

DER KLASSISCHE PUNK

BEHUTSAME FORTSCHRITTE

„Sei nicht zu zaghaft und zimperlich in deinen Handlungen.
Das ganze Leben ist ein Experiment.“
(Ralph Waldo Emerson)

UNNAHBARE PERSÖNLICHKEIT

„Denn das Leben ist ein Schaudern, das vorüberfliegt, alles ist ein Drahtseilakt über dem Wahnsinn." (Vasco Rossi)

„Nicht was sie über dich sagen, ist wichtig, sondern was sie flüstern."
(Errol Flynn)

„Furcht existiert nirgends außer im Kopf."
(Dale Carnegie)

STACHLIGES VERHÄLTNIS

UNHEIMLICHE BEGEGNUNG

„Der beste Weg, einem Problem zu entkommen,
besteht darin, es zu lösen.“

(Robert Anthony)

„Niemand sieht wirklich voraus. Die meisten sehen nicht weiter, als ihre Nase reicht.“ (Thomas Carlyle)

DAS KANINCHEN …

… AUS DEM HUT

HUNDERTUNDEIN … KANINCHEN

WARTEN AUF GODOT

The Good, the Bad, and the Ugly
(Sergio Leone)

LORD MIT PERÜCKE

KANINCHEN ALS KUSCHELKISSEN

SCHLAPPER TAG

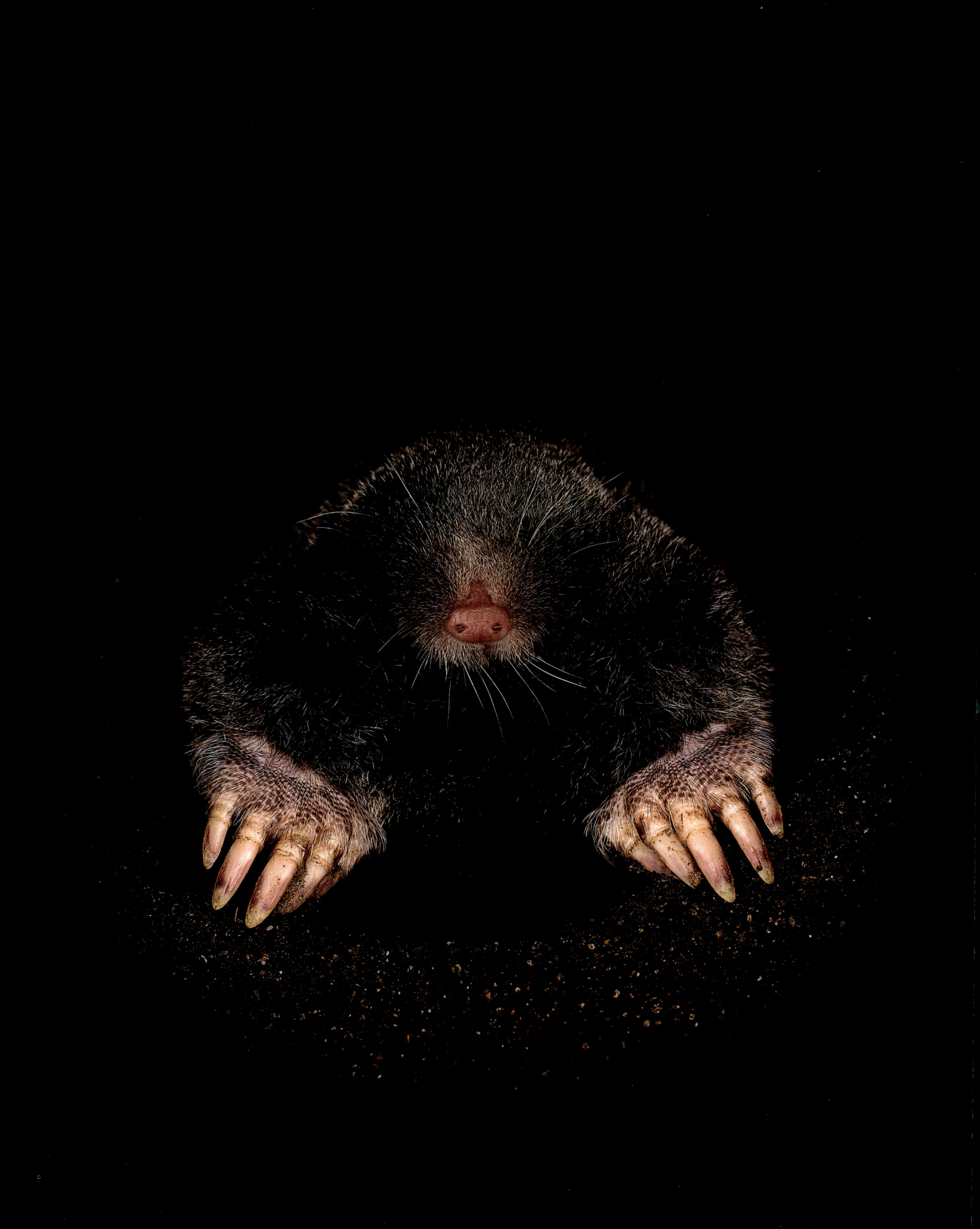

„Wenn du ein besseres Loch kennst, geh hin.“ (Bruce Bairnsfather)

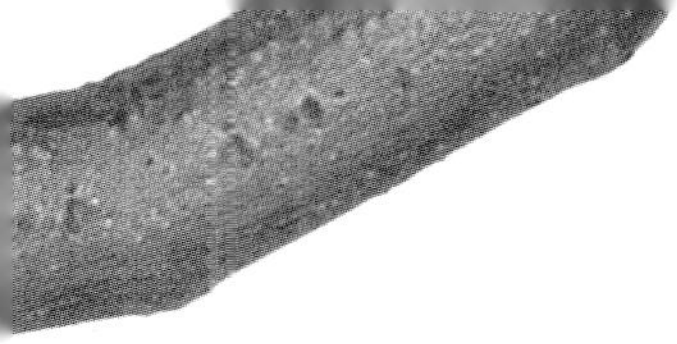

HALLOWEEN

„Ich bin Dracula und begrüße Sie …“ (Bram Stoker)

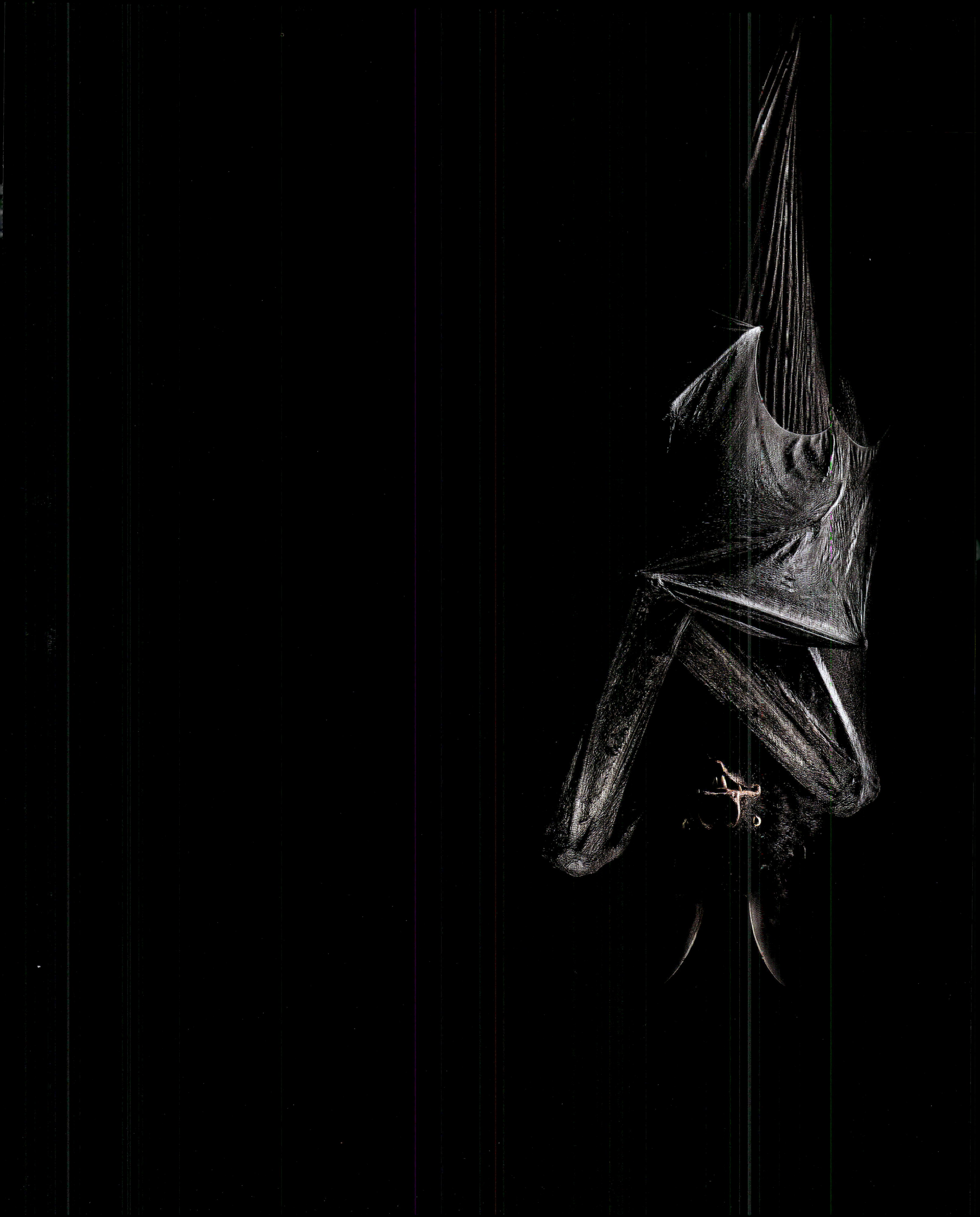

„Der Argwohn ist unter den Gedanken das, was die Fledermäuse unter den Vögeln sind: Sie flattern stets im Dämmerlicht."

(Francis Bacon)

STRÄHNCHENLOOK

„Niemand ist so blind wie die, die nicht sehen wollen.“
(Jonathan Swift)

Der Tag der Eule
(Leonardo Sciascia)

„Im Universum hat alles Rhythmus. Alles tanzt.“ (Maya Angelou)

SCHWANENSEE

„Now wakes the owl, now sleeps the swan. Behold a dream, the dream is gone.“ (Pink Floyd · A Pillow of Winds)

„Viele verfolgen stur den Weg, nur wenige verfolgen stur das Ziel.“ (Friedrich Nietzsche)

„Wähle einen Freund langsam,
wechsle ihn noch langsamer.“
(Benjamin Franklin)

KÖNIGLICHE PARADE

BELLE ÉPOQUE

„Die Hoffnung ist das Federding,
das in der Seel' sich birgt
und Weisen ohne Worte singt
und niemals müde wird."

(Emily Dickinson)

LEBENSPHASEN

„Um das zu sehen, was vor der eigenen Nase liegt,
bedarf es ständiger Anstrengung.“
(George Orwell)

DER SCHREI
Edvard Munch

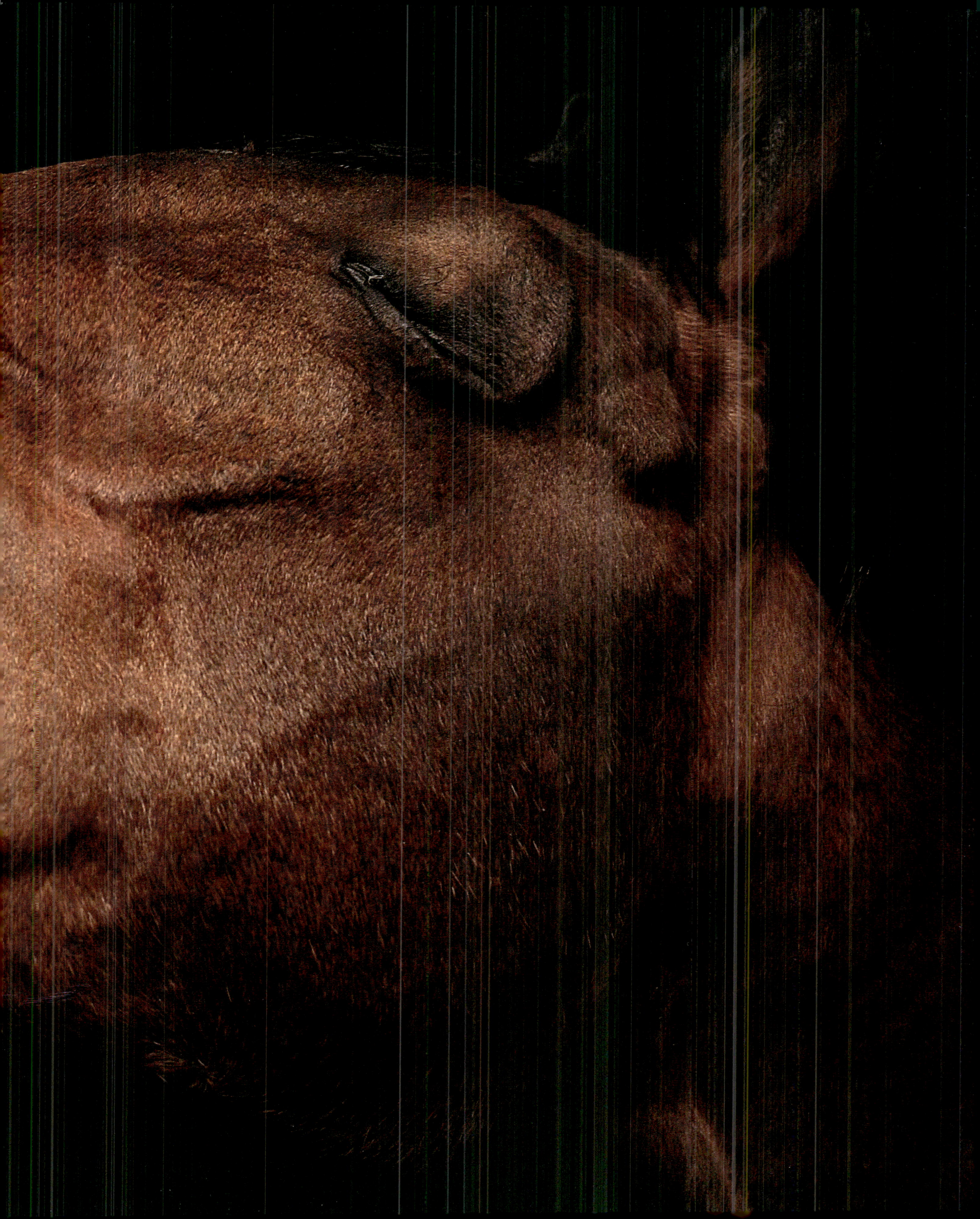

„Ein Pferd ist ein Objekt von Schönheit …“

(Xenophon)

„Ein Pferd ist die Projektion der Vorstellungen,
die Menschen von sich selbst haben – stark, mächtig, schön."
(Pam Brown)

„Mein Königreich für ein Pferd!“
(William Shakespeare – Richard III.)

„Durch die Ohren eines Pferdes
erscheint die Welt in besserem Licht.“
(Anonym)

„Nicht alle Pferde werden gleich geboren.
Ein paar wenige kommen als Sieger zur Welt.“
(Mark Twain)

BEGINN EINER LIEBE

ZEIG MIR DEIN PFERD, UND ICH SAGE DIR, WER DU BIST.

KLASSENUNTERSCHIEDE

PFERDESTÄRKE

„Wenn du eine dauerhafte Freundschaft suchst, such dir lieber ein Pferd."
(Anonym)

UNHEILBAR VERSCHIEDEN

SCHLECHTER SCHÜLER

„Wer sich selbst besiegt, ist der mächtigste Krieger.“ (Konfuzius)

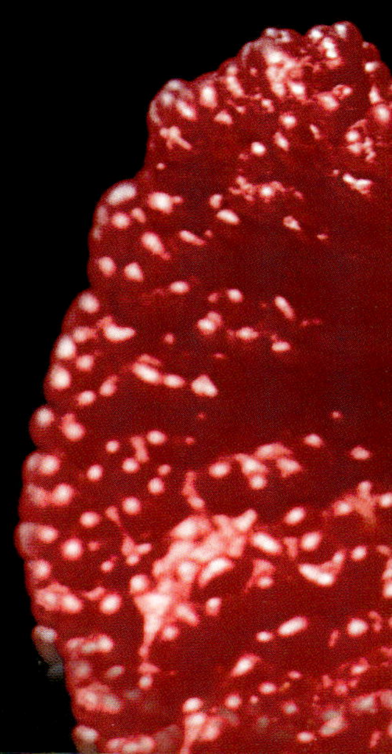

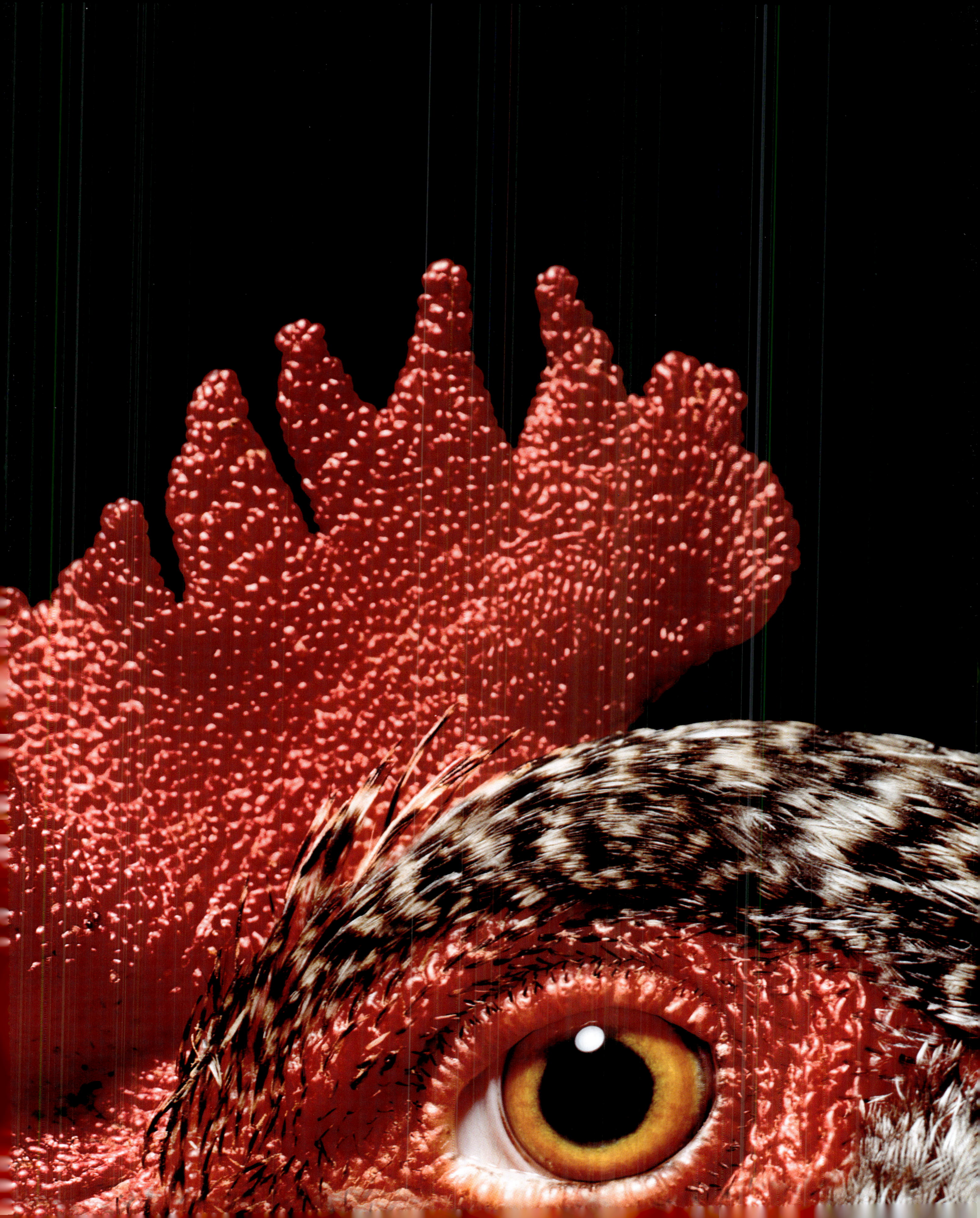

ANTRETEN!

SINN FÜR PROPORTION

DER ERSTE SCHULTAG

KINDERKRIPPE

KÄMME IM VERGLEICH

„Das Huhn ist die Methode eines Eis, ein neues Ei zu erzeugen.“ (Samuel Butler)

STERNZEICHEN ZWILLINGE

GESANGSUNTERRICHT

GRUNDSCHULE

GESPRENGTE KETTEN

JEDER JECK IST ANDERS

HELM UND SPOREN

TAG DER ABRECHNUNG

GEGENÜBERSTELLUNG

WAS KAM ZUERST:
DIE HENNE ODER DAS EI?

„Der Fuchs sagte: ‚Hallo, liebe Frau Henne, lange nicht gesehen.
Jemand sagte mir, Sie hätten eine schwere Zeit durchgemacht.
Ich mache mir große Sorgen um Sie.'…"

(Die Henne und der Fuchs – Äsops Fabeln)

„… Die Henne antwortete: ‚Verzeihen Sie, lieber Herr Fuchs, aber mit meiner Gesundheit steht es so schlecht; ich befürchte, es könnte mich umbringen, wenn ich Ihnen zu nahe käme.'"

(Die Henne und der Fuchs – Äsops Fabeln)

WHITE STAR VERLAG

White Star Verlag®
ist eine eingetragene Marke von Edizioni White Star s.r.l.

Via Candido Sassone, 24
13100 Vercelli - Italien
www.whitestar.it

Übersetzung: Franziska Schubert/lückenlos, Köln
Producing: lückenlos, Köln, www.lueckenlos.eu

ISBN 978-3-86726-135-7
1 2 3 4 5 6   14 13 12 11 10 09

Gedruckt in Italien

BILDNACHWEIS

Amann/Getty Images: S. 103, 176, 177, 179, 180-181, 182-183 * Geoff Brightling/Getty Images: S. 19, 43 * American Images Inc/Getty Images: S. 118 * James Balog/Getty Images: S. 149 * Jane Burton/Getty Images: Cover-Titelbild links, S. 67, 100, 209 * Jane Burton/Warren Photographic: Cover-Titelbild rechts, Cover-Rückseite, S. 4, 8, 14, 15, 16, 17, 32-33, 38-39, 40, 42, 60 u., 60-61, 62-63, 68, 88-89, 90, 90-91, 98-99, 101, 104-105, 106, 107, 114, 115, 116, 119, 120-121, 121, 122-123, 128, 129, 130, 131, 132-133, 135, 136-137, 146-147, 163, 190, 192, 193, 194-195, 199, 205, 206, 210-211, 216-217, 219, 220-221, 225, 239 * Gordon Clayton/Getty Images: S. 66, 69, 184, 189 * John Daniels/Getty Images: S. 7, 21 * Digital Vision/Getty Images: S. 160, 161, 234-235, 236-237 * Digital Zoo/Corbis: S. 3 * Digital Zoo/Getty Images: S. 30, 31, 34, 35, 36, 97, 166-167 * Dorling Kindersley/Getty Images: S. 80, 151, 152, 170, 191, 196, 204, 212-213, 213, 218, 223, 235 u. * Michael Duva/Getty Images: S. 12, 55, 58-59, 71, 168 * Bob Elsdale/Getty Images: S. 20, 56, 57, 94-95, 102, 140 * Don Farrall/Getty Images: S. 26, 38, 99 u. * Tim Flach/ Getty Images: S. 46, 72, 74, 155, 188 * Neil Fletcher/ Getty Images: S. 150 * Fotototo/Blickwinkel: S. 111, 112-113 * Martin Gallagher/Corbis: S. 173 * Tim Graham/Getty Images: S. 45 * Frank Greenaway/Getty Images: S. 1 * GK Hart/Vikki Hart/Getty Images: S. 6, 11, 27, 28, 29, 36-37, 78-79, 125, 126-127, 198, 202-203, 207, 226 * Imagemore Co. Ltd/Getty Images: S. 82-83, 84-85, 92, 93 * Imagestate/Tips Images: S. 174-175, 186 * Mike Kemp/ getty Images: S. 162 * Dave King/Getty Images: S. 18, 22, 23, 24-25, 117, 142, 197 * Cyril Laubscher/Getty Images: S. 222, 224 * Jens Lucking/Getty Images: S. 76-77 * Ryan McVay/Getty Images: S. 171 * Hans Neleman/Getty Images: S. 145 * PIER/Getty Images: S. 232-233 * Max Poddler/Getty Images: S. 64-65 * Purestock/Getty Images: S. 208, 228-229 * Stuart Redler/Getty Images: S. 201 * Joel Sartore/Getty Images: S. 227, 231, 233 * Preston Schlebusch/Getty Images: S. 158 * H. Schmidbauer/Blickwinkel: S. 81 * Steve Shott/Getty Images: S. 41, 138-139 * Justin Sullivan/Getty Images: S. 49 * Harald Sund/Getty Images: S. 157 * Kim Taylor/Getty Images: S. 148 * David Trood/Getty Images: S. 109 * Freudenthal Verhagen/ Getty Images: S. 214-215 * David Ward/Getty Images: S. 230-231 * Michael Winokur/Getty Images: S. 52, 53, 50, 51 * Jerry Young/Getty Images: S. 164-165, 234-235